MÉMOIRE

Pour les Sieurs MÉQUILLET, frères;

Contre MM. Charles SCHULMEISTER
et J.-J. BERNARD, Fermier-général des
Jeux de Paris.

MÉMOIRE

Pour les Sieurs MÉQUILLET, frères;

CONTRE MM. *Charles SCHULMEISTER et J.-J. BERNARD, Fermier-général des Jeux de Paris.*

~~~~~~~~~~

SI dans le cours de la vie, il est une position doulou-
reuse pour tous les gens d'honneur, c'est lorsqu'ils
se trouvent placés dans la pénible obligation d'informer le public des motifs et des effets de leurs liaisons avec des hommes qui ne doivent leur fortune
qu'à des moyens réprouvés par la morale.

S'il est une position désagréable pour des négociants
jaloux de l'estime de leurs concitoyens, c'est lorsqu'ayant des capitaux engagés dans des opérations que
dirigent ordinairement des mains peu estimées, ils
ont encore à craindre qu'on interprète, d'une ma-

nière qui leur serait défavorable, les rapports que ces opérations ont nécessités.

Telle est la double position dans laquelle sont malheureusement placés MM. Méquillet, frères, en traduisant devant les tribunaux les sieurs Charles Schulmeister et J.-J. Bernard, fermier général des jeux de Paris.

Le nom du premier rappèle cet individu qui fit d'une faillite honteuse le premier degré de sa fortune ; qui trouva le second dans son dévouement absolu à la police secrète du précédent gouvernement, et qui enfin atteignit le faîte de ses prospérités en s'associant à l'administration des jeux.

Le second, parvenu tout-à-coup de l'extrême indigence, à une opulence scandaleuse (1) dirige ostensiblement ces funestes maisons de jeu dont la dépravation des mœurs, ou les vices d'une grande population ont réclamé l'usage, et dont l'autorité a reconnu l'indispensable nécessité, quoique la morale les accuse.

MM. Méquillet, frères, abusés par le premier, à qui dans son malheur ils ont prodigué les consola-

(1) Voyez, Mémoire de Sorin, imprimé à Paris en 1815, et suite aux révélations scandaleuses. *Idem.*

tions et les secours que réclamaient d'anciennes liaisons, cimentées par l'amitié de leurs pères : dépouillés par le second des brillants avantages que promettait une action dans une entreprise dont les bénéfices sont ordinairement immenses ; MM. Méquillet, frères, ont long-temps hésité entre le sacrifice des réclamations qu'ils ont à exercer, et le sentiment d'une certaine pudeur qui les éloignait d'appeler l'attention du public sur leurs liaisons avec MM. Schulmeister et Bernard. En vain ils ont essayé tous les moyens de conciliation pour parvenir à un accommodement à l'amiable ; en vain ils ont opposé la patience la plus inaltérable aux délais et aux lenteurs. Que peut-on espérer de certains hommes en leur parlant le langage de la franchise et de la bonne-foi !

MM. Méquillet, frères, cèdent donc à la plus impérieuse et la plus dure des nécessités : Ils traduisent devant les tribunaux les sieurs Schulmeister et Bernard, et ils croyent se devoir à eux-mêmes d'instruire le public de leurs rapports et des motifs de leurs démêlés.

La famille de madame Schulmeister, née Unger, et celle de MM. Méquillet frères, ont conservé depuis longues années les liaisons intimes que les rapports d'état de leurs grands-pères avaient formés, et qu'une estime réciproque avait cimentés (1). Lorsque M. Schulmeister épousa mademoiselle Unger, il cultiva les liaisons que ses nouveaux parents entretenaient ; et la famille Méquillet eut pour lui les égards qu'ils devaient au gendre de leur ancien ami. Les rapports qui subsistaient entre MM. Méquillet frères et le sieur Schulmeister, étaient donc bien antérieurs à l'époque où son nom acquit sa trop fâcheuse célébrité. Ils n'avaient donc été établis, ni par des relations d'affaires, ni par l'envie de cultiver un homme dont on pouvait mettre à profit la bizarre et passagère influence.

Le sieur Schulmeister, pendant les fréquents voyages que son service secret l'obligeait de faire à Paris, venait assez régulièrement voir MM. Méquillet frères, et s'entretenir avec eux d'affaires de commerce ; lorsqu'en 1812, il leur apprit que le chef de l'ancien gouvernement, et le ministre de sa police générale, lui avait accordé, pour récompense de ses services, la ferme générale des jeux de

---

(1) M. Kuhlwein, grand père maternel de MM. Méquillet, était receveur du prince des Deux-Ponts en Alsace, et M. Unger avait un emploi supérieur dans la direction des mines de cette province.

Paris, qu'exploitait M. Perrin de Lyon. Il ajouta
que, pour éviter les inquiétudes que son nom pour-
rait donner aux habitués qui fréquentent les maisons
de jeu, il avait transporté son privilége au sieur
Bernard, qui seul devait paraître, et qu'il s'était ré-
servé une part considérable dans les bénéfices. Il an-
nonça que le gouvernement exigeait que les fermiers
justifiassent de deux millions de capitaux; et que pour
cet effet il cherchait tous les moyens d'avoir des fonds,
soit en intéressant quelques maisons de banque, soit
en empruntant pour son propre compte. Il proposa
aux sieurs Méquillet frères de prendre dans cette
ferme une action qui devait être de cent mille
francs, c'est-à-dire du vingtième du capital exigé
pour la mise de fonds des fermiers; et qu'alors ils
supporteraient dans cette proportion les bénéfices et
les pertes de la société, tels qu'ils seraient reconnus par les commissaires du gouvernement inté-
ressé lui-même dans les bénéfices de l'entreprise. A
cet effet il offrit de leur remettre l'engagement du
sieur Bernard, en leur présentant cette offre comme
la preuve de l'intérêt qu'il prenait à les voir par-
ticiper à une entreprise dont les avantages seraient
incalculables.

Les propositions de M. Schulmeister furent agréées

par MM. Méquillet frères, qui pouvaient sortir de leur commerce le capital demandé pour une action; et après s'être convaincus que plusieurs maisons de commerce de la capitale, jouissant de l'estime publique, avaient pris un intérêt dans cette entreprise, ils versèrent entre les mains de M. Bernard, le 31 décembre 1812, cent mille francs, et le sieur Bernard leur donna son engagement qu'il les reconnaissait actionnaires pour un vingtième dans sa ferme des jeux.

Les entrepreneurs de cette ferme étaient loin d'avoir à cette époque les deux millions de capitaux qu'ils s'étaient engagés de réaliser; et malgré un mouvement de fonds continuellement en activité, les bénéfices journaliers leur permettaient à peine de subvenir aux besoins et aux dépenses. Ils furent donc obligés d'aviser aux moyens de se procurer des fonds; et à peine MM. Méquillet frères eurent-ils versé le prix de leur action, que le sieur Schulmeister les pria d'accepter pour 60,000 fr. de traites qu'il voulait fournir à trois mois. MM. Méquillet frères s'empressèrent de rendre ce service, et même ils se chargèrent de négocier cette valeur contre des espèces et de réaliser encore 40,000 fr. d'autres traites d'Oppermann sur Vassal et compagnie. Ainsi, à peine faisaient-ils partie de l'association qu'ils avaient procuré aux gérants 200,000 fr. d'espèces sans prélever ni frais de commission ni autres reconnus dans le commerce, mais uniquement dans l'intention d'être utiles à une société dont ils étaient actionnaires.

Les gérants de la ferme des jeux ne se bornèrent pas à ne réclamer que ce service pendant le courant de l'année 1813 : ils ont usé et même abusé des moyens et du crédit de MM. Méquillet frères à un tel point qu'à la fin de cette année ceux-ci peuvent justifier par leurs écritures avoir négocié, accepté et payé pour cause de virements réels 409,500 fr. Ils ont fait ces payemens aux époques d'octobre, novembre et décembre 1813, moments où la crise commerciale s'annonçait avec des caractères si effrayants ; et tels étaient leur confiance et leur abandon qu'à la fin de cette année leur signature se trouvait exposée pour 236,500 francs aux échéances périlleuses de janvier, février et mars 1814.

Il suffit de rappeler quelle était à cette époque désastreuse la position du commerce de la France pour sentir combien de semblables opérations devaient exposer la fortune de MM. Méquillet frères, et compromettre leur crédit. En effet, la suspension momentanée de quelques maisons les plus estimées de la capitale mit en souffrance leurs endossements à 65,000 francs. Mais pour cela, les gérants n'ont point cherché à leur offrir les moyens de parer à cet inconvénient ; car les fonds nécessaires pour l'extinction de cette somme dont ils restèrent en débours, ne furent faits qu'en mars, époque fatale de l'échéance, tellement que ce décompte arrêté au 15 mai présentait un reliquat de 6,188 fr. 33 c., en leur faveur.

M. Bernard prétendra peut-être que tous ces virements ne regardent ni lui ni la ferme des jeux. MM. Méquillet frères ignorent, il est vrai, jusqu'à quel point la prudence a obligé le sieur Bernard à s'isoler du sieur Schulmeister ; ils ne se sont aperçus qu'un peu tard que le sieur Bernard n'était point étranger à toutes ces opérations ; mais qu'il se contentait de les engager verbalement à les suivre sans le confirmer par sa correspondance. Toutefois, si la mémoire infidèle de M. Bernard ne lui retrace pas les rapports qu'il avait avec le sieur Schulmeister, il existe dans la correspondance qui sera mise à l'appui de ce qu'avancent MM. Méquillet frères, des preuves matérielles de la destination de ces fonds.

Il était impossible que MM. Méquillet frères employassent tout leur crédit pour procurer des fonds à la ferme des jeux, sans éprouver eux-mêmes quelque gêne à leur tour, lorsqu'ils seraient appelés à remplir les engagements que leurs affaires particulières les avaient obligés de contracter. En effet, l'entrée des alliés sur le territoire Français, l'interruption de toute communication avec les pays étrangers, l'impossibilité de faire leurs recouvrements, la suspension de plusieurs maisons de commerce, tout semblait réuni pour augmenter leur gêne. Mais le désir de conserver une réputation intacte, en satisfaisant à leurs engagements, leur fit une loi d'opposer la fermeté la plus constante, l'activité la plus suivie, pour parer aux besoins du moment, et remplir, comme ils ont pu le faire, une masse de 700,000 fr. d'engagements.

MM. Méquillet frères devaient croire que les services rendus à la ferme des jeux, leur donnaient le droit de demander au sieur Bernard quelques avances sur les bénéfices, dont le solde devait être prochainement réglé, et quelques fonds d'emprunt pour les aider à faire leurs payements. Le sieur Bernard remit, en effet, à MM. Méquillet frères, dans le courant du mois de décembre 1813, d'abord 76,000 fr., plus, 15,000 fr. qui devaient former la moitié de leur part dans les bénéfices de cette année : mais ces bénéfices se trouvèrent aussi singulièrement qu'extraordinaire-

2

ment réduits, et ils redevaient pour solde de leur action 72,000 fr. Par contre ils avaient au débit de la ferme des jeux 30,000 fr. en espèces ; 50,000 fr. au débit du sieur Bernard, pour leurs acceptations des traites de Besson de Strasbourg; 150,000 fr.; au débit du sieur Schulmeister, pour d'autres acceptations; ensemble 230,000 francs.

Dans cette position, MM. Méquillet frères qui, dans le cours d'une année, avaient fait pour le compte des gérants 521,507 fr. 97 c. d'opérations gratuites, dont 409,000 francs de virements réels, étaient loin de croire qu'ils étaient les plus obligés. Cependant, le sieur Bernard observa à MM. Méquillet frères, que sa qualité de gérant d'une association ne lui permettait pas de reconnaître par des services réciproques, ceux qu'ils avaient rendus à la ferme ; et qu'il encourrait le blâme de ses associés, en n'exigeant pas en valeurs réelles le complément de leur mise de fonds. — Il y avait une apparence de justice dans l'observation du sieur Bernard : aussi, se crurent-ils obligés de le remercier en témoignant une reconnaissance qui n'a pas dû lui paraître à lui-même en proportion avec le service, et ils s'empressèrent de lui remettre 72,000 fr. d'effets de toute valeur, et négociables aussitôt qu'il voudrait les réaliser sur la place.

Il paraîtra peut-être étonnant que les sieurs Méquillet frères, loin de faire valoir les services rendus à la ferme des jeux, se soient empressés de régler avec elle, dans un moment où Paris pouvait craindre le sort de Moscow, et à une époque où cette société, en perdant tous ses capitaux, aurait ruiné ses actionnaires. Mais MM. Méquillet frères ne connaissaient que leurs engagements; et à leurs yeux, le besoin de les remplir était plus pressant que le sentiment du danger général.

Ce fut d'après ces motifs que le 22 mars 1814 ils se décidèrent à balancer leur compte.

Enfin l'entrée des alliés à Paris fut le signal du rétablissement de toutes les communications, et la confiance sembla renaître. L'affluence des étrangers doubla les bénéfices de la ferme et permit à MM. Méquillet frères d'espérer quelques avantages de leur action.

La possibilité de voyager sur les bords du Rhin et de la Belgique leur assura les moyens de réaliser les rentrées que la guerre avait rendues jusqu'alors impossibles, et le départ de M. David Méquillet fut préparé. Il y eut encore à cette époque une circons-

tance qui serait insignifiante si elle ne se rattachait
pas avec le projet des sieurs Schulmeister et Bernard
qui désiraient évincer leurs actionnaires. En retar-
dant le moment où la rentrée de leurs fonds mettrait
MM. Méquillet frères dans le cas de remplir aisément
les engagements qu'ils avaient contractés, on pouvait
espérer de rencontrer une occasion favorable pour leur
redemander leur engagement. En conséquence le
sieur Schulmeister engagea M. David-Méquillet à différer son voyage de quelques jours pour accompa-
gner madame Schulmeister que ses affaires appe-
laient à Strasbourg, Quoique le nom de son mari
commençât à devenir un fardeau pesant, MM. Méquillet consentirent volontiers à différer leur voyage
de quelques jours pour rendre un service qu'ils ne
savaient pas refuser, et dont ils ne prévoyaient pas
surtout le motif captieux.

Cependant ce retard ayant reculé le moment où
MM. Méquillet frères pourraient faire leurs recouvrements, l'échéance d'un de leurs engagements survint,
et pour y satisfaire ils eurent besoin de la modique
somme de dix mille francs qu'ils crurent pouvoir
faire demander au sieur Bernard. Mais celui-ci leur fit
insinuer par M. Schulmeister, que les gérants étaient
prêts à leur donner le solde de leur action en leur

tenant compte des bénéfices qui avaient été faits ; s'ils voulaient rendre leur engagement d'actionnaires. M. Schulmeister exagéra beaucoup les dangers de l'entreprise ; fit un tableau effrayant des changements que l'occupation de Paris par les troupes étrangères pouvait apporter dans les privilèges accordés par l'ancien gouvernement ; il prouva que les fermiers généraux des jeux n'avaient plus qu'une protection presque sans force, et qu'il était impossible de prévoir quel prix les autorités nouvelles pourraient mettre aux faveurs qu'elles voudraient bien accorder.

MM. Méquillet frères ébranlés par les craintes affectées de M. Schulmeister, effrayés par les dangers qu'avait courus leur fortune, craignant que leur réputation ne fût compromise en continuant d'avoir un intérêt dans une société dont les circonstances pourraient altérer l'institution, consentirent à cesser d'être actionnaires, rendirent l'engagement du sieur Bernard et reçurent sous les simples réserves d'usage le solde de leur compte qui leur fut remis le 10 mai 1814.

MM. Méquillet, frères, ne tardèrent pas à reconnaître l'inexactitude des rapports qui leur avaient été faits et le ridicule des craintes qu'on leur avait inspi-

rées. Ils apprirent, mais trop tard, que la ferme des
jeux faisait des bénéfices énormes, que ceux qui
étaient à la tête de cette ferme avaient eu l'art d'écon-
duire ceux de leurs actionnaires à qui les détours de
ce dédale n'étaient pas familiers ; que le sieur Bernard
ne se croyait plus obligé de déguiser son immense
fortune, et qu'enfin il achetait les plus belles pro-
priétés. On leur dit que l'action qu'ils avaient cédée
sans indemnité, valait plus de 150,000 francs, et qu'ils
auraient facilement trouvé le remboursement de leur
action, c'est-à-dire, 100,000 francs comptant, s'ils
avaient voulu consentir à partager leur part des bénéfices avec un co-associé.

Dans une semblable position, des plaintes eûssent
été inutiles. Mrs Méquillet, frères, crurent qu'il était
plus prudent et plus convenable de conserver des
relations amicales avec ceux qui avaient si adroite-
ment abusé de leur ignorance. Ils se bornèrent à réclamer une indemnité pour les dangers qu'avait courus leur fortune en se mettant à découvert pour les
intérêts de la ferme, à une époque où les malheurs
publics exposaient le plus son existence. Les sieurs
Bernard et Schulmeister n'eurent garde de désap-
prouver cette discrétion, leur firent les promesses les
plus pompeuses pour les engager à se taire, et ne se

bornèrent pas seulement à leur garantir une indemnité ; mais ils leur promirent par la suite des ver-
sements considérables de fonds dans leur commerce.
Pour les convaincre, disaient-ils, de la sincérité de
leurs intentions, ils voulurent continuer leurs relations
d'affaires, ils les chargèrent encore de différents virements, et il résulte de toute cette confiance accordée
par MM. Méquillet, frères, jusqu'au 21 novembre
1815, une masse de virements dont la somme totale
s'élève à 1,060,745 fr. 38 cent. Toutes ces opérations
ont été gratuites, et MM. Méquillet, frères, n'ont pas
reçu une obole, ni pour commission, ni pour autres
droits reconnus dans le commerce.

MM. Méquillet, frères, voyant enfin l'inutilité de
leurs bons procédés, se décidèrent à cesser toutes leurs
relations, et à menacer les sieurs Bernard et Schulmeister de les attaquer par les voies judiciaires, s'ils ne
voulaient pas entrer définitivement en accommodement à l'amiable. Ils crurent alors devoir renvoyer de
leur bureau M. Schulmeister, fils, dont ils avaient
dirigé les études et les premiers pas dans la carrière
du commerce (1).

---

(1) MM. Méquillet frères publieront, si le cas l'exige, des lettres de ce
jeune homme, qui prouveront l'étendue de sa reconnaissance ; et feront
connaître en même temps les inclinations, les habitudes et les bons exem-
ples que sans doute il a reçus de son père.

MM. Méquillet, frères, ont examiné le compte qui leur a été fourni par M. Bernard (voyez pièces justificatives), et ils ont découvert les erreurs et les omissions suivantes :

1° La lettre qui accompagne le compte remis à MM. Méquillet, frères, est du 9 mai 1814. (Voyez pièces justificatives); et néanmoins ce compte est soldé au 30 avril précédent. Or, ils n'ont cessé d'être actionnaires de la ferme des jeux, qu'à dater du jour où ils ont rendu l'engagement du sieur Bernard; par conséquent on leur doit compte des frais et des bénéfices de la ferme jusqu'au 10 mai, jour où ils ont accepté les propositions que le sieur Schulmeister était chargé de leur faire.

2° Le sieur Bernard établit dans son compte tous les frais de l'année 1814, en comprenant non-seulement les frais des quatre mois qui devaient s'écouler, mais encore ceux des huit autres mois que l'on avait à parcourir. Partageant ensuite l'année en trois époques, ils taxent MM. Méquillet, frères, comme devant supporter le tiers de ces frais ayant été associés le tiers de l'année.

Mais il est impossible qu'au 30 avril, ou plutôt au 9 mai 1814, le sieur Bernard ait pu connaître les frais des mois d'octobre ou de décembre. Un pareil calcul n'a pu être fait que d'une manière approximative ; et dans un réglement pareil, dans le partage d'une somme aussi forte, cette manière de calculer est inadmissible. D'ailleurs, la ferme des jeux ne peut point être comparée à ces établissemens fixes dont les frais n'éprouvent qu'une variation insensible. Les frais de cette ferme, au contraire, varient d'une manière progressive et en raison des concessions faites par le gouvernement, ou du nombre de maisons dont il autorise l'ouverture. Or, il n'est aucune année qui plus que celle de 1814 ait obligé le gouvernement à changer ses concessions et à permettre l'ouverture de maisons nouvelles. L'affluence des étrangers oisifs et curieux doublait les réunions des endroits publics, et il y avait à la fin de 1814, huit maisons de jeu de plus qu'à l'époque où MM. Méquillet ont cessé d'être actionnaires. Il était donc de toute impossibilité au sieur Bernard de connaître, le 9 mai, les dépenses postérieures à ce jour.

Chaque mois d'une année aussi fertile en changemens dans les produits de la recette, doit payer sa part des frais en raison de ses bénéfices ; et il faut avoir perdu non-seulement toute idée de justice, mais encore tout sentiment de pudeur, pour

3

prétendre que MM. Méquillet frères, à qui on a
ravi avec adresse tous leurs droits aux bénéfices
des huit derniers mois de l'année 1814, doivent
supporter une portion des frais de ces mêmes
mois.

Il est encore, pour MM. Méquillet frères, un
autre motif puissant qui les porte à refuser d'ad-
mettre le partage des frais, tels que le sieur Bernard les établit dans son compte, avant que les tribunaux criminels ayent prononcé sur une accusation de vol dont un mémoire imprimé développe
les traces, et qui aurait eu lieu dans les mois dont
on veut faire supporter les frais à MM. Méquillet
frères. Ce mémoire, *signé* Soria, a été imprimé en
1815, chez madame veuve Jeunehomme, rue Haute-
feuille, n°. 20, à Paris, et distribué à la même
époque. Il porte cette épigraphe, *Quid verum impen-*
dere vetat ? Le signataire s'accuse d'avoir, conjoin-
tement et de concert avec le sieur Bernard, volé
dans une seule maison de jeu, environ cent quatre-
vingt-dix mille francs. Il donne le détail de tous
les moyens employés pour parvenir à commettre
ce délit, et prétend en avoir fait l'aveu à des per-
sonnes intéressées à le prévenir, mais qui l'ont en-

gagé à se prêter à cette odieuse machination pour dé-
voiler le coupable.

Il n'appartient point à MM. Méquillet frères de
préjuger si le mémoire est calomnieux, ou si le
sieur Bernard est coupable : mais, puisqu'on veut
leur faire supporter une part des frais qui ont eu
lieu lors de ce vol, ils ont le droit de demander
au ministère public qu'un fait pareil soit jugé par
qui de droit. Ils savent très-bien que les sieurs
Schulmeister et Bernard sourient dédaigneusement
lorsqu'on leur demande des éclaircissements sur
cet aveu singulier d'un homme qui s'accuse d'une
connivence criminelle: Ils savent aussi que l'on
répond sur ce fait, que cette affaire *a été arrangée
administrativement*, et que les commissaires du
gouvernement, intéressés à la punition du délit,
ayant renoncé à toute poursuite, il serait étonnant
que des créanciers, dont les titres sont en litige,
osassent rappeler ce que l'autorité veut laisser dans
l'oubli. Le sieur Bernard ne serait pas le premier
qui compromettrait la sagesse des administrations
ou qui ferait parler au gré de ses intérêts les autorités les plus dignes du respect général. Sans doute
il se passe dans les maisons de jeu des scènes qui
intéressent la morale publique ; il est des faits dont

l'autorité se saisit et qu'elle juge, parce que leur publicité serait un scandale. Mais aucune puissance administrative ne se croirait le droit de prononcer sur un délit dont la poursuite est réservée aux tribunaux, et dont le Code criminel prescrit la punition. Aussitôt que la dénonciation en est faite, le ministère public doit s'en saisir. MM. Méquillet frères ont le droit de provoquer l'intervention de ce ministère, et ils le demandent, puisque le jugement qui sera rendu, doit modifier la quotité des frais dont on veut leur faire supporter leur part.

MM. Méquillet frères étant actionaires pour un vingtième, reconnaissent qu'ils doivent supporter le vingtième des frais et partager dans la même proportion le vingtième des bénéfices. Mais ils prétendent aussi que la ferme des jeux ayant couru le risque de perdre tous ses capitaux par le danger des circonstances publiques, le directeur de cette ferme doit justifier qu'en cas de perte ils n'eussent jamais couru d'autres dangers que celui de les éprouver dans la même proportion d'un vingtième. Si l'on en croit le cri public, si l'on en croit même les propres aveux du sieur Bernard, jamais les vingt actions n'ont été remplies. Ce qui confirme cette assertion c'est que si les 2,000,000 fr. de capitaux eussent été réalisés, le sieur

Schulmeister et le sieur Bernard ne se seraient jamais trouvés dans le cas de faire les virements continuels qu'ils étaient obligés de renouveler. Si donc la ferme des jeux n'avait que 1,000,000 de capitaux, MM. Méquillet frères, en cas de perte, en auraient supporté un dixième et cependant on leur accorde un vingtième seulement sur les bénéfices.

Ils demandent au tribunal qu'il leur soit donné connaissance de l'actif de la société à l'époque fâcheuse où la fortune publique et les fortunes particulières ont couru de si grands dangers; et si le sieur Bernard ne justifie pas d'avoir réalisé toutes les actions qu'il avait ouvertes, MM. Méquillet frères prétendent avoir droit aux bénéfices en proportion des pertes que leur capital courait le hazard d'éprouver.

En lisant ce court exposé des rapports qui ont eu lieu entre MM. Méquillet frères et les sieurs Schulmeister et Bernard, on verra que les premiers ont agi avec un abandon et une confiance que la prudence désapprouve; mais ils ont payé bien cher l'ouhli de ses conseils, et dans une affaire pareille il y a moins à rougir aux yeux des honnêtes gens d'avoir été dupes que d'avoir mérité une autre épithète. On reconnaîtra que MM. Méquillet frères n'ont point été indemnisés pour avoir employé leurs capitaux et leur crédit au service de la ferme à l'époque où l'envahissement de la France menaçait de détruire les établissements publics les plus respectés, et sans doute alors les fermiers des jeux et les actionnaires eussent été les premiers à perdre leur fortune et les derniers à inspirer quelque intérêt. On observera que pour prix de leur dévoûment on a trouvé le secret de les évincer de la ferme au moment où les bénéfices durent être considérables, et au moment où la tranquillité publique avoit consolidé l'entreprise; et cependant par un raffinement d'impudeur, en leur enlevant subtilement leurs droits aux bénéfices des derniers mois de l'an 1814, on veut encore leur faire supporter une portion dans les frais de ces mois-là.

Il est pénible d'être réduit à publier devant les tribunaux une semblable affaire, et d'être obligé d'en entretenir le public; mais MM. Méquillet frères ont employé tous les moyens pour parvenir à un accommodement à l'amiable. On le leur avait promis et même on avait désigné les arbitres qui auraient à prononcer : par quelle fatalité faut-il que leurs instances soient de nouveau repoussées au moment où ils ont signé le compromis qui devait précéder l'arbitrage (Voyez pièces justificatives.)? On ne daigne plus leur répondre; on cherche à les intimider, on les menace du poids de toutes les autorités. Mais qu'ont-ils à redouter ? ils demandent la justice, et les menaces ne peuvent effrayer que les hommes qui sont obligés de cacher leur conduite dans les ténèbres, et que la lumière du grand jour épouvante.

MM. Méquillet frères demandent donc,

1°. Qu'on leur tienne compte des frais de commission et autres reconnus dans le commerce qui leur sont dus par le sieur Bernard, fermier des jeux de Paris, pour les virements que le sieur Schulmeister a faits pour le compte de cette ferme, dont la preuve est consignée dans leurs livres, et dont on a omis de les bénéficier.

2°. Qu'on leur donne connaissance des frais et des bénéfices du mois de mai 1814, et qu'on leur tienne compte de ce qui leur est dû jusqu'au 10 du même mois, époque à laquelle ils ont rendu l'engagement qui les reconnaissait actionnaires, et ce pour redresser l'erreur qu'a commise le sieur Bernard, en soldant leur compte le 30 avril précédent.

3°. A l'égard des frais évalués par le sieur Bernard, pour l'année 1814, à la somme approximative de 6,880,000 fr., et dont il veut leur faire supporter le tiers, MM. Méquillet frères déclarent ne vouloir pas reconnaître cette fixation, qui, au 9 mai 1814, ne pouvait être connue du sieur Bernard ; et attendu les nombreuses concessions accordées par le gouvernement, et l'ouverture de nouvelles maisons de jeu permise postérieurement à cette époque ; ils entendent que les bénéfices de chaque mois ayant dû être en raison de ces avantages, les frais généraux de toute l'année soient répartis entre chacun de ces dix mois, et supportés par eux en raison de leurs profits. Se réservant en outre tous les droits et actions qui pourront leur revenir, après que le ministère public aura prononcé sur l'accusation de vol faite par le sieur Soria, présentant à cet effet requête au ministère public, le priant d'informer de suite contre ladite déclaration.

4°. Qu'il soit donné connaissance à MM. Méquillet frères, de l'actif de la société à l'époque de l'association, afin qu'ils puissent réclamer ce qui leur serait dû en raison des dangers que les circonstances publiques ont fait courir à leur capital, si l'actif de la société n'est pas complet ; prétendant qu'ils ne doivent avoir des droits à un vingtième des bénéfices, que dans le cas où il serait prouvé qu'ils n'auraient eu à supporter qu'un vingtième des pertes, si la société avait été ruinée.

PIÈCES JUSTIFICATIVES.

N°. 1.

COMPTE rendu par M. J.-J. BERNARD, fermier général des jeux, à MM. MÉQUILLET frères, tant des bénéfices faits pendant les quatre premiers mois de l'année 1814, que du remboursement de leur action dans ladite ferme,

SAVOIR:

Bénéfice du mois de janvier 1814 . . . . . f. 632,509 30
    Idem , février, id, ... 548,929 04
    Idem , mars , id. 581,936 47
    Idem , avril , id. 720,202 17
         ——————f. 2,483,576 98

A déduire.

Pour privilège et frais, s'élevant, pour l'année 1814,
à 6,880,000 francs. Ce qui fait , pour les quatre premiers mois. 2,293,333 55

Bénéfice net, dont la *moitié* revient au gouvernement . . f. 190,243 65

La *moitié* aux intéressés. . . . . . . f. 95,121 82

Ce qui donne pour le *vingtième* de MM. Méquillet frères . f. 4,756 09
Intérêts de quatre mois sur 100,000 fr. à 6 p. 100 l'an . . 2,000
            ———————
           f. 6,756 09

Pour leur action, que je leur rembourse 100,000
            ———————
Il leur revient . . . . f. 106,756 09

4

N°. 2.

Paris, 9 Mai 1814.

Messieurs MÉQUILLET Frères, — en Ville.

Cy-joint mon compte rendu, jusques et y compris le mois d'avril dernier, duquel il résulte de votre 20ᵐᵉ et de vos 100 mille francs, que je vous rembourse conformément à vos désirs, fr. 106,756,09 c. Votre compte courant chez moi, qui solde par fr. 3,904, 04 c. Je le tiens à votre disposition, l'ayant trouvé juste. Plus vos remises, ensemble fr. 72,000.

Si le tout est conforme et d'accord, je vous prierai d'approuver le duplicata de ces comptes ; et de me remettre mon engagement, par lequel je vous reconnais actionnaires et créanciers de fr. 100,000 dans mon affaire des jeux.

J'ai l'honneur de vous saluer et d'être votre tout dévoué.

Signé J. J. BERNARD.

N°. 3.

Paris, 5 Octobre 1816.

Monsieur BERNARD, à Paris.

D'après votre intention que vous nous avez fait connaître par M. Blanc, de laisser à la décision d'un arbitrage la dif-

ficulté qui existe entre nous, et sur la rectification du compte
que vous nous avez fourni le 9 mai 1814, nous avons l'honneur de vous envoyer, par l'entremise de cet ami, un compromis qui contient le nom de notre arbitre. Nous vous prions
d'y ajouter celui de la personne que vous avez choisie; d'y
apposer votre signature et de nous renvoyer un des duplicata,
afin que nous puissions en donner respectivement connaissance à nos arbitres, en les priant de procéder à l'arbitrage.

Nous avons l'honneur d'être,

 Monsieur,

   Vos très-humbles et obéissants serviteurs,

    Signé MÉQUILLET Frères.

N°. 4.

COMPROMIS.

Nous soussignés, J.-J. BERNARD, fermier général des jeux,
d'une part, et MÉQUILLET frères, négociants, tous domiciliés
à Paris, d'autre part, désirant de terminer la contestation qui
s'est élevée entre nous, au sujet d'un compte fourni par
M. Bernard, à MM. Méquillet frères, le 9 mai 1814, arrêté
le 30 avril, même année, sommes convenus de nous en rap-
porter à la décision de MM.

   que nous avons choisis pour arbitres;

lesquels auront à déterminer, 1°. quelle est la bonification à accorder à MM. Méquillet frères, pour les dix premiers jours de mai 1814 ? 2°. quelles doivent être les proportions d'après lesquelles les frais de 6,880,000 francs, portés au compte pour l'année entière, doivent être répartis ; 3°. quelle doit-être l'indemnité à accorder à MM. Méquillet frères, pour les dédommager des risques qu'ils ont courus et des pertes qu'ils ont éprouvées par suite des virements faits par l'entremise de M. Charles Schulmeister et autres, et qui, suivant eux, étaient uniquement pour servir les intérêts de la sociéte des jeux. En conséquence, nous promettons de leur remettre de suite les pièces dont nous nous proposons de nous servir, afin qu'ils rendent leur jugement arbitral dans quinze jours, à dater de celui-ci, tant sur les articles ci-dessus, que sur les circonstances et dépendances. Promettons également d'exécuter ledit jugement, et d'y acquiescer sans interjeter appel quelconque, auquel nous renonçons formellement ; et dans le cas où lesdits arbitres se trouveraient divisés d'opinion, ils s'en rapporteraient à un tiers, dont ils conviendront pour sur-arbitre.

Fait double à Paris, le 5 octobre 1816.

Signé MÉQUILLET frères.

N°. 5.

Paris, 9 *Novembre* 1816.

Monsieur BERNARD, — en Ville.

Nous avons l'honneur de vous adresser ci-joint, la copie d'une lettre que M. Blanc avait bien voulu se charger de vous faire parvenir. Il vous remettra le compromis qui y était joint, et nous attendons votre réponse qui dictera notre conduite.

Nous avons, Monsieur, l'honneur de vous saluer.

Signé MÉQUILLET Frères.

De l'Impr. de C.-F. PATRIS, rue de la Colombe, n°. 4.

www.ingramcontent.com/pod-product-compliance
Lightning Source LLC
Chambersburg PA
CBHW060509200326
41520CB00017B/4963